林海音

人物聚焦叢書

叢書主編 李輝

林海音

人物聚焦叢書

傅光明 著

三聯書店（香港）有限公司

責任編輯　舒　非
封面設計　朱桂芳

書　　名　人物聚焦叢書·**林海音**
著　　者　傅光明
叢書主編　李輝
出版發行　三聯書店（香港）有限公司
香港荃灣德士古道220-248號16字樓
JOINT PUBLISHING (H.K.) CO., LTD.
16/F., 220-248 Texaco Road, Tsuen Wan, Hong Kong
印　　刷　深圳中華商務安全印務股份有限公司
深圳市龍崗區平湖鎮萬福工業區
版　　次　2003年10月香港第一版第一次印刷
規　　格　16開（180×230mm）104面
國際書號　ISBN 962 · 04 · 2194 · 9

Published in Hong Kong

《人物聚焦叢書》
總序

李　輝

這是一套突出圖像功能的《人物聚焦叢書》。

都說眼下屬於圖像時代。此話頗有道理。且不說電視、電話、光碟等等主導着文化消費和閱讀走向，單單老照片、老漫畫、老插圖等歷史陳跡的異軍突起，便足以表明人們已不再滿足於在文字裡感受生活、感受歷史。他們越來越願意從歷史圖片中閱讀人物，閱讀歷史。

的確，一個個生活場景，一張張肖像，乃至一頁頁手稿墨跡，往往能蘊含文字難以表達的另一種韻味，因而也更能吸引讀者的興趣，誘發讀者的想像。

這些年來，我一直對二十世紀中國知識分子的命運有着濃厚興趣，一直在試圖用自己的眼睛，凝望歷史天幕下那些或遠或近或高或低的身影。撰寫與編排這套《人物聚焦叢書》，便是在嘗試用新的文本方式，繼續自己的努力。

說“聚焦”而非“傳記”，是因為嚴格地講，我並不是完全按照傳記的方式來寫人物，而是儘量以人物一生為背景，來掃描、來透視我最感興趣、也最能凸現人物性格和命運的某些片斷。此種寫法，接近於人物隨筆，一種更自由、更隨意、往往也更主觀的筆調。在正文之外，我還特意以補白方式選摘傳主的自述或他人的評點，圖片說明也改變通常的僅限於介紹文字的模式，儘量使其活潑而精粹。這樣的結構與筆調，如果與歷史照片等圖像資料和諧地予以結合，人物的命運與性格特點，便有可能在較小的篇幅中多層次、多側面、生動地呈現出來。

感謝香港三聯書店出版這套《人物聚焦叢書》。我希望這樣的系列作品，既能帶來閱讀快感，也能帶來更多的關於歷史與文化的沉思。

2002年秋日於北京

永遠的英子，永遠的林海音。

1

2001年12月2日，得知林海音先生因多年疾患不治已於頭天去世的消息，我深感悲痛。我與林先生交往十年，感情篤深，曾為她在大陸編輯出版了散文集《英子的心》，小說散文選集《往事悠悠》，讀書隨筆集《落入滿天霞》以及五卷本的《林海音文集》，寫過研究她的論文，去年還與舒乙先生一起主編了《林海音研究論文集》。我們通信甚多。我把她視為我台灣的“文學祖母”，親熱地叫她“林奶奶”。

我打小是個自卑、膽怯又任性的孩子，

作家、編輯、出版人——林海音。

總想找到一種精神上的支撐和保護。我的親祖父在1942年日本侵華進行華北大掃蕩時被日寇殺害了。我從小就羡慕那些有爺爺的孩子，我不知和爺爺在一起該是一種什麼樣的感覺。當我見到蕭乾先生的第一眼時，我就有了"我有了爺爺"的感覺。我一張嘴就情不自禁地叫他"蕭爺爺"，他馬上高興地笑如一尊佛，其實他是把我視為他"精神上的兒子"，這有他送我英文版回憶錄《未帶地圖的旅人》扉頁上的題簽"spiritual son"為證。我大陸的"文學祖父"、恩師蕭乾先生，已於兩年前去

他們説？這已經是尊敬的極致了。

如果整個社會都稱她為"先生"，如果整個時代都說她是"女中丈夫"，就是一個女子最大的榮寵了。

即使她的胸襟與膽識在當時無人能及。

是這樣嗎？只能這樣了嗎？

為什麼我們不來造一些字，造一些真正的敬詞，好來呈獻給這位剛剛逝去的長者——一個在文化困境中流離的靈魂，卻以整個生命的光與熱情修補了每一道創痕的婦人。

席慕蓉（台）

1993年11月14日與冰心先生合影。

世，我自己的親祖母也在去年因肺癌去世，現在林奶奶又離我而去，想到此處，眼淚便禁不住在眼眶裡打轉，心裡難受極了。他們都是那麼地愛我，給我呵護、溫暖與滋潤，使我從精神上、情感上所獲甚多。直到今天雖然我覺得自己還時有任性，但已不再自卑和膽怯，而變得自信和堅強。我將深深並永遠地愛他們。我會永遠珍視與他們的這份情，他們給予我的一切，將使我終生受益。我想正因為擁有這份情，我這一生都將是有福的。我只有義無反顧地執著於文學，以自己的文學業績來告慰他們的在天之靈。

為表示敬重，我在文章裡依然稱呼林海

如海音這樣毫無遺憾，有光有熱走完一生的，能有幾人？我們悲傷之餘，毋寧懷着一顆感恩的心，感謝上蒼曾經賜給我們海音這個人。……

聽說海音已火化。那熊熊烈火熔蝕不了她，是她的光和熱融並了那火，飄然升起，升起，成為一顆永恆的星。

潘人木（台）

音"先生"，她喜歡人們叫她先生，但在心裡，我會永遠叫她"林奶奶"。

也許正像有人不知是出於羨慕還是嫉妒所說的，我這人就是福氣好，其實沒什麼真本事。是呀，我真的是好福氣。大學畢業的第二年就結識了恩師蕭乾先生，並由此結下了無數的善緣，這其中包括認識林先生。

蕭乾先生與林先生是1988年在漢城開國際筆會時認識的，兩個"老北京"一見如故。蕭先生回到北京跟我聊天時說，林先生現在還說連"老北京"都早不說了的尊稱其他老人時用的"(tān)"字，聽了當時就覺得心裡熱乎乎的。她的口音一直到老京味兒不改，甚至連生活習慣也和北京

與其說林女士，不如說林先生，這是以她獨特而豁達的胸襟而言；如果她生而為男人，將比她現在的成就為大，但因為她是個天生的女性，卻能贏得普遍的敬仰和愛慕。

七等生（台）

與編選"台灣當代著名作家代表作大系"的工作人員合影。前排左：李準（前中國現代文學館館長）、吳祖光、林海音、蕭乾、舒乙。

1993年11月14日與我的“文學祖母”林奶奶攝於蕭乾先生家的客廳。

人一樣，難怪別人常說她“比北京人還北京人！”

1992年5月，中國現代文學館和中國歷史博物館等單位共同主辦“蕭乾文學生涯60年展覽”時，林先生專程到京出席開幕式並致辭。她在致辭中引用林語堂先生的一句話，說“致辭要像女人的裙子，越短越好”，逗得在場的人都笑了。這是我第一次見到林先生，當時我站在高台階上，遠遠地望着她，就發現她恰如舒乙先生所描繪的，“整個兒一嬌小玲瓏的北京姑奶奶！”

2

　　沒見到林海音之前，我們有過一段時間的通信聯繫。雖然她已給我寄了許多的“無皺紋”照片，並在電話裡告訴我說“我個兒矮着呢”，但不知為什麼我始終把她定格在電影《城南舊事》裡沈潔飾演的小英子的模樣。

　　林海音童年時在北京的真實生活大多和英子一樣，而她的乳名也正是“英子”。說到北京城南一帶，“那更是閉上眼，琉璃廠，椿樹胡同，師大附小全都浮上腦際的地方，這輩子也忘不了。《城南舊事》裡的幾篇故事，家人、宋媽都一點不差”，“比如我的父親收容革命學生，宋媽失去的子女，附小的學生生活，等等”。可以說，林海音的名作

1982年林海音的《城南舊事》改編成電影。劇照中穿紅棉襖的即是主人公小英子（沈潔飾），右邊為宋媽（鄭振瑤飾），左後是瘋子秀貞（張閩飾）。

《城南舊事》就是她童年時代在北平城南生活的縮影。

林海音的祖籍在台灣，她的父親林煥文曾是位鄉下老師。1895年李鴻章在日本簽訂《馬關條約》，將台灣和澎湖列島割讓給日本，台灣從此進入日據時代。那年林煥文七歲。

煥文聰慧好學，自小父親把他送到當地的儲珍書室學習舊學，一年半即拿到四書修業證書，打下很好的國學基礎。1903年，已經是一位客家英俊少年的煥文，從頭份公學校畢業後，考入當時台灣最高學府——台灣總督府國語

學生時代的爸爸林煥文。攝於一九〇八年。

1971年林海音（前排右二）與何凡（前排左二）、媽媽愛珍（前排中）回到爸爸任教過的新埔國小。

學校師範部就讀。此時台灣的“國語”已經是日本語。煥文由此備嘗亡國的痛楚酸辛。

畢業後，煥文被分配到新埔學校教書。學生們都特別喜歡聽這位和藹可親、說話幽默風趣的老師講課。班上一個總給老師研墨拉紙的小男生，後來寫出了一部描繪台灣人在日本人統治下苦悶彷徨的小說《亞細亞的孤兒》。他就是台灣著名作家吳濁流。師生臨別時，煥文送給吳濁流一幅手書的《滕王閣序》。吳濁流後來顛沛輾轉，可老師的這幅《滕王閣序》卻一直珍藏攜帶在身邊。

滿腦子自由思想、活潑好動、總想出去闖世界的煥文，不甘心只在家鄉客家村裡教書。1913年，他來到閩南人聚居的板橋，結識了一些當地的文人雅士，很快融入了閩南人的生活，並與歲數小她一半、溫淑賢良、嬌小白皙的黃愛珍相識相愛，吉結連理，開始了小家庭的生活。

婚後的生活過得雖舒坦，但在殖民統治下不能隨心所願地唸書、做事，讓煥文不能忍受。1917年，三十歲的他帶着身懷六甲的妻子離開台灣到日本求發展，在當時日本的商業中心大阪開了一家東城商會。

1918年農曆三月十八日，愛珍在大阪絹笠町回生病院產下一個健康白胖的女嬰，取名含英，乳名英子。

靈秀、可愛，小公主一般的英子，打小就討人喜愛。咿呀學語時，常常是日本話、閩南話、客家話混着說，說又說不完整，逗得大人們發笑。

不擅經商的煥文，在日本三年，事業沒有發展，積蓄的錢卻所剩無幾。於是他決定先回台灣，然後去北京謀發

媽媽林黃愛珍。攝於 1924 年。

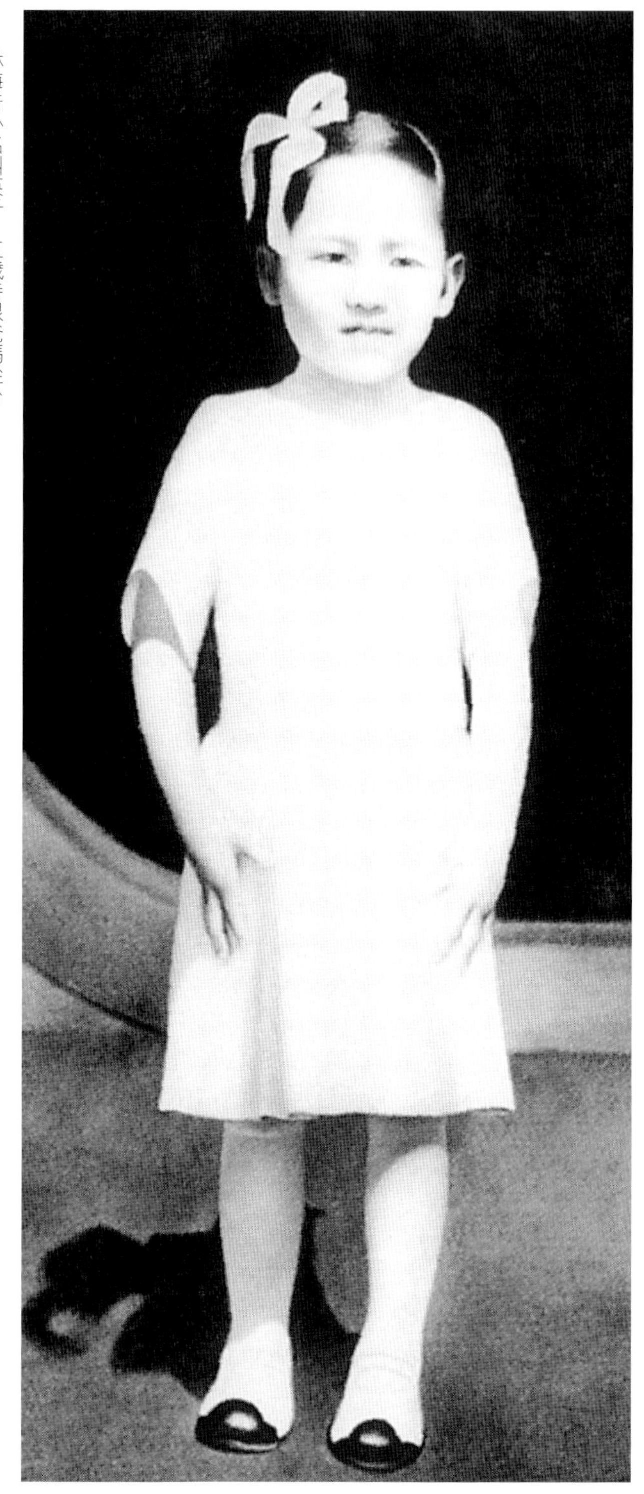

林海音小名叫英子，五歲時跟爸媽從台灣到北京南城，度過了一段美麗時光。

展。回台灣不久，愛珍又生下了二女兒秀英。煥文把母女三人安頓在家鄉後，隻身來到北京。

兩年後，林煥文在北京的《京津新聞》報社找到了穩定的工作以後，馬上就去台接來了家人。於是英子五歲那年，同母親坐了大輪船，飄洋過海經天津來到北京。從這時起，林海音真正開始了在北京的生活。

照理，出生地大阪該是林海音的第二個故鄉，可不知為什麼，她心裡時刻不能忘懷的卻是北京！那裡才是她夢縈魂牽的第二故鄉！古老的京城以它那獨特而富有魅力的風土人情在這個南國小姑娘心中留下了難以磨滅的印跡。

3

林海音成為一個北京小姑娘的生活，起步於城南椿樹胡同上二條的新家。在這裡，她學會了喝豆汁兒，吃涮羊肉；開始穿打了皮頭兒的布鞋，穿長長過膝的襪子，成了北師大附小一年級的小學生。清早，紮緊了狗尾巴一般的小黃辮子，斜背着書包，沐浴着晨曦去上學，是多麼的快樂、興奮，神氣！嚴厲的父親不許她上學遲到，不許她坐洋車上學，要她"自個兒"走着去。這是林海音從父親那裡得到的人生最初的教育。

也是在這個時候，《城南舊事》裡的重要人物——宋媽出場了。勤勞善良的宋媽是英子新出生的弟弟的奶媽，後來成了家庭中重

林海音（左）到北京遇到的第一件大事就足考師大附小，考取後跟隨屁叔（右）、三妹燕珠（中）在中山公園的格言亭前留影。

要的成員。那時，小英子常隨母親和宋媽去下斜街的土地廟買家用品。她最愛吃那裡賣的灌腸和扒糕，想想都要流口水。她還喜歡玩套圈兒的遊戲，可卻總連個小泥狗也套不着。後來，林海音回大陸曾兩訪舊居，每回都去了椿樹胡同，看見胡同口的大黑門，一道來的侄女回憶說："門裡住着一個瘋女人，是我同學的姑姑。"林海音爽聲說："那就是我《惠安館》故事裡的秀貞呀！"

後來住的新帘子胡同，因為家在胡同盡頭，又是個死胡同，所以很安

《城南舊事》是五個單元的小說，合在一起就是一個長篇小說，我試以一個小孩子的眼光和成長，看成人世界的故事。我在人物中是喜以女人和小孩為描寫對象的，尤其是小孩子。

林海音

北京的新年熱熱鬧鬧，孩子們個個都穿上了新棉襖。本圖攝於北京廠甸鑄新照相館，左起為三妹燕珠、林海音（十一歲）、五妹燕玢、弟弟燕生、二妹秀英、四妹燕瑛。

《城南舊事》瀰漫着淡淡的感傷色調，反映了作者那深厚的懷鄉之情。我讀林海音的作品，常聯想到英國女作家凱瑟琳．曼斯菲爾德的代表作《園會》。……兩位女作家均遠離故土，鄉愁得到昇華，作品也就格外真切感人。

文潔若

靜。英子每天放學回來，一撂下書包，就跟宋媽帶着弟弟妹妹到大街上看熱鬧。有時候，放學回來時，宋媽領着弟、妹已站在門口兒"賣呆兒"等她了。在這兒她見過出大殯的，那行列能有幾里長，足夠看上幾個小時。那時，只有錢有勢的人家死了人才出得起大殯，圖的是"死後哀榮"。那些抬着紙紮的小人、房子、家具等等東西的喪葬隊伍，專選一些大街繞行，為的是使死者做一次最後的煊赫！這時，沿街的店舖有的會在馬路沿上擺個祭桌，披麻帶孝的孝子走到這兒，叩頭道個謝，倒叫那店主感到莫大榮耀似的。而看熱鬧的人們，並無哀悼之意，對死者能有這般的死後排場，心中倒像有無限的艷羨。

虎坊橋是英子成長中最難忘的地方。住這兒時，她的二妹也從台灣送了來，而母親又生了四妹、五妹，家裡人丁興旺，虎坊橋大街上也多姿多彩。英子上三四年級了，每日仍是走讀，從早到晚能看見的人和事可太多了。她的幼小心靈裡開始有了對現實人生的種種觀察和體驗：懷疑、

《城南舊事》繪圖本插圖。關維興繪。

一個人對他久居所熟悉的地方，當然不能忘懷，何況北京城和萬里長城，都是世界聞名的古蹟。當然，歷史哪有不變遷的，但你看羅馬有多少廢墟古蹟、殘垣斷壁都那麼晾着不打掉，供人憑弔，所以我的感性的北京城沒了，我當然心疼，説些感性的話，但我並非反對城市有所改建進步。容許我有這孩子般的情感吧！

林海音

同情、快樂、哀愁……一條街每天能展示太多的人生世相，英子的小腦袋瓜已開始有了困惑和思考。她在這裡看到過“出紅差”，就是把死囚押到天橋一帶槍斃。看熱鬧的人跟在囚車後面，和車上的犯人呼應似的叫喊着。犯人喊一聲“二十年後又是一條好漢”，圍觀的人群便爆一聲“好！”這哪像去送死，分明更像是眾友歡送離家遠行人的行列。

英子還忘不了街上那個又髒又胖的老乞丐。她常在冬天的早上看見他，穿着空心大棉襖坐在英子家的門前，曬着早晨的太陽拿虱子。身旁放着個

解放前的北京街頭。

1993 年與何凡等人回到英子的母校：北京師大附小。

沒蓋兒的破沙鍋，裡邊盛着乞討來的殘羹冷飯。英子見他食指舔了唾沫沾身上的虱子，就噁心。看到他抱着一沙鍋的剩湯水，仰脖灌下肚的樣子，小腸胃直往上翻。她好奇地問宋媽，他怎麼不肯找事做呢？大人的答覆總是不能讓小英子滿意，她的小腦袋瓜裡裝了太多的問題。林海音後來寫了不少小說，都有以此地為背景的，這也該得益於她幼年的細心觀察和愛思考吧。

那時正值北伐"鬧革命"，新文化運動和婦女解放運動開展得如火如荼。英子也在時代的大潮中剪了辮子。有一天，她還

在中國新舊時代交替中，亦即五四新文化運動時的中國婦女生活，一直是她所關懷的。她覺得在那時代，雖然許多婦女跳到時代的這邊來了，但是許多仍然停留在時代的那一邊沒有跳過來，這時就會產生許多因時代的轉變的故事了。母親多有感觸，所以常以此時代為背景寫小說，雖然母親不過是那時代才出生的。

夏祖麗（台）

童心未泯的林海音為孩子們寫過不少童話書，後期均由「純文學」出版。

兩岸"不分彼此地合而為一"始終是林海音堅定不移的信念和期盼。

林海音這顆永恆的中國之心，有老一輩"番薯人"的傳承，也有所處時代的烙印。……

綜觀林海音的全部作品，大多是寫生活、愛情、婚姻和家庭的，充滿溫馨、淡雅和淒涼的情調。但穿插其中大量的懷鄉和憶舊文章，卻散發着中國老百姓樸素的愛國之心和民族之情。這也許就是林海音作品在海峽兩岸長盛不衰的魅力所在吧。

張光正

和妹妹一起，站在門前，每人手上舉着一面民國國旗，被日本報館的記者照了相，登在一本日文的記述北伐成功的雜誌上，標題是：中國街頭上的兒童都舉着他們的新旗子。

英子在虎坊橋的童年生活是豐富的，這個大黑門裡的小個子小女孩常常琢磨發生在周圍的事情：見到那個穿着藍布大褂賣假當票的瘦高個兒，她氣紅了小臉，手掐着腰，瞪着眼大聲為受了騙的鄉下人鳴不平："騙人是不可以的！"英子打小就有的好抱打不平的性格，一直到她老年還都保持着。林海音

番薯人　林海音

每在人間讀到謝理法、乃至秦賢次先生寫到先輩在北京的台灣人，我都要看兩遍，希望能在字裡行間尋找到我熟悉的人和物和事，也令我回到更早的歲月。父母攜我到北京，算之，竟是一甲子前的事了。父親是民國九年去北京的，五個月後，於民國十一年回台灣接母親和我，這一住就是二十六個年頭，到光復後的民國三十七年才回到台灣。去時是一個四、五歲不懂事的黃毛丫頭，回來時攜兒帶女的，已經做了三個孩子的母親。

《番薯人》手稿。

1994 年二度參觀訪問出生地日本大阪回生醫院。

是個頂熱情的人，心眼兒好，悲天憫人，對弱小者和生活在社會底層的人們充滿了同情和諒解。這從她以後寫的作品裡可以讀出來。文如其人嘛！

英子唸小學五年級的時候，家又搬到西交民巷。那裡街頭常走過一隊隊的救世軍，穿着灰色的制服。救世軍的搖鼓一響，各家小孩都往外跑，看熱鬧，聽傳教。父親要英子周末去“福音堂”聽洋人傳道，想讓她借此學點英語。其實她喜歡的是那兒發的書片。打小英子就喜歡新鮮刺激的玩藝兒，在“福音

電影裡的小英子也長大了，與林海音成了忘年交。

英子的心

英子的心，還是七十六年前的那顆心，把家人和朋友緊緊摟在心上，到老不變的

林海音

堂”，英語沒學會一個字，倒是學會了這樣的歌？“耶穌愛我真不錯，因有聖書告訴我，凡小孩子都牧羊……”

童年終會結束，可心靈的童年永存。快樂的童年生活留給了林海音太多太深的記憶，當她拿起筆時，這一切全湧上心頭，於是林海音在默默地想，默默地寫，從生活裡的真和性情中的愛裡，親切、自然地流溢出了不朽的《城南舊事》，字裡行間有一

1993年歲末在家中。

股讓人覺得熱乎乎的親和力。葉石濤曾說："她描寫取材並非她真正的故鄉台灣，倒是她長大成人的地方——北平。她和曼斯菲爾德一樣有滿腔的鄉愁，這鄉愁並非由台灣而引起的，正相反，她的鄉思卻針對北平而發起的！這鄉思是如此濃烈擾人，她不得不傾吐她對北平的愛慕與飢渴。"

林先生心上的北平不在了，林先生筆下的北平還在：中國鄉愁文學的最後一筆終於隨着運煤駱駝隊走進淡淡的水墨山影裡。不必叮嚀，不帶驚訝，依稀聽到的是城南那個小女孩花樹下的笑語和足音。林先生永遠不老，像英子。

董　橋（港）

就讀於北平新專時的林海音，出落得成熟大方。

4

林海音在《城南舊事》的“代序”裡說：“讀者有沒有注意，每一段故事的結尾，裡面的主角都是離我而去。一直到最後一篇‘爸爸的花兒落了’，親愛的爸爸也離去了，我的童年結束了。”是啊，瘋女人秀貞、藏在草叢中的小偷、斜着嘴笑的蘭姨娘、騎着毛驢回家的宋媽，最後是慈愛的爸爸，一個個離開英子而去。“父親的花兒落了，我也不再是小孩子”，這裡包含着作者多麼深切的離別恨，相思情，刻骨銘心的痛惜和思戀，令讀者彷彿依稀看到文字的簾幕後面，閃爍着一雙盈盈的淚眼，童稚裡充滿了哀怨，純真中蘊含了惆悵。

住梁家園的時候，英子四十四歲英年的父親病逝於東單三條的日華同仁醫院。英子無憂無慮的童年，隨着父親的去世提早結束了。在台灣的祖父數次來信，希望兒媳愛珍帶着孩子們回家鄉。當時已經十三歲在唸初一的英子倔強地說："我才不回去唸日本書！"後來她按媽媽的意思，給祖父寫了封回信：

親愛的祖父：

您的來信收到了，看見您顫抖的筆跡，我回想起五年前您和祖母來北平的情況，那時候，慝叔還沒有被日本人害死，我們這一大家人是多麼快樂！您的鬍鬚、您的咳嗽的聲音、您每天長時間坐在桌前的書寫，都好像是昨天的事。如今呢？只剩下可憐孤單的我們！

1985年到香港與留在大陸的三妹燕珠（右）見面，姐妹分離三十多年終於團聚。中為五妹燕玢。

爸爸火化的那天，林海音十三歲（左三）。與弟妹、媽媽在火葬場。右三是堂哥阿烈哥，左二是張我軍。攝於1932年。

由於爸爸早逝，身為大姐的林海音（中）自然扛起家庭重任，對弟妹照顧有加。圖為與三妹燕珠（左）、二妹秀英（右）在公園。

您來信說要我們做“歸鄉之計”，我和媽媽商量又商量，媽媽是沒有一定主張的，最後我還是決定了暫時不回去。親愛的祖父，您一定很着急又生氣吧？稟告您我們的意見，看您覺得怎麼樣。

我現在已經讀到中學二年級了，弟弟和妹妹也都在小學各班讀書，如果回家鄉去，我們讀書就成了問題。我們不願意失學，但是我們不能半路插進讀日本書的學校。而且，自從熈叔在大連被日本人害死在監獄之後，我永遠不能忘記，痛恨着害死親愛的叔叔的那個國家。還有爸爸的病，也是自從到大連收拾慰叔的遺體回來以後，才厲害起來的。

爸爸曾經給您寫過一封很長很長的信，報告叔叔的事。我記得他寫了很多個夜晚，還大口吐着血的。而且，爸爸也曾經對我説過，當祖父年輕的時候，日本人剛來到台灣，祖父也曾經對日本人反抗過呢！

所以，我是不願意回去讀那種學校的，更不願意弟弟妹妹從無知的幼年就受那種教育的。媽媽沒有意見，她説如果我們不願意回家鄉，她就和我們在這

在台灣的林家四姐弟與媽媽。左起為燕玢、秀英、媽媽愛珍、林海音、燕生。

每年母親節的母親聚會。前排左：五妹燕玢、劉咸思、張郝劍珠(祖麗的婆婆)、林海音；後排左：張晚璋、王明珠、余素君（祖葳的婆婆）。

裡待下去，只是要得到祖父的同意。親愛的祖父，您一定會原諒我們的，我們會很勇敢地生活下去。就是希望祖父常常來信，那麼我們就如同祖父常在我們的身邊一樣地安心了。

媽媽非常想念故鄉，她常常說，我們的外婆一定很盼望她回去，但是她還是依着我們的意思留下來了，媽媽是這樣的善良。

您的孫女 英子 敬上

祖父同意了她們的意見。英子一家在北平留了下來。但為了節省生活，就又把家搬到南柳巷55號的晉江會館，住不必付租金的房子。她家的斜對面，是南柳巷永興寺"報房"，北平報紙的派報處。英子記得那時候，每天早晨四五點天不亮，所有批賣報紙的都聚集在此，一片吵嘈聲傳來，英子就知道他們蹲在牆根兒等報呢。過不多會兒，賣杏仁茶的挑子也來了，冬天北平人習慣早上喝碗杏仁茶，熱乎乎的一碗下肚，全身都透着暖和。等到各報館把報紙送了來，又是一陣吵嘈，因為先批買了報，先送，先吆喚的，就先賣錢呀！

南柳巷四通八達，出北口是琉璃廠西門，要買書籍、筆墨紙硯都在這兒。林海音後來在《家住書坊邊》一文裡詳細描述過她

林海音（前）與好友林慰君（林白水之女）。攝於1935年。

她的作品是一種超越地域，超越小鄉土，超越窄狹的意識形態，以一種中國大文化的理念和思想選擇題材，確定主題和構思支架的。……林海音的小說既是一柄刀，也是一幅畫。說是一柄刀，是因為它以鋒利的刀刃刺入了封建婚姻制度的要害；說它是一幅畫，是它清晰地以一個個畫面，展示出了具有濃郁時代特色和文化意蘊的中國社會轉型期的婚姻和風俗樣態。這種樣態，既是大陸的，也是台灣的，是全中國的，它是中國特定時期婚姻和風俗文化的整體體現。

古繼堂

當年常去的這片文化區。她的日常生活區則在出南柳巷南口兒的地方，那裡賣燒餅麻花兒、羊肉包子，油鹽店、小藥舖，甚至澡堂子、當舖、冥衣舖等等都有。出了西草廠就是宣武門大街，英子的初中母校春明女中就在這條街上。

英子在春明女中就讀時，喜歡上了文學。據她當年的一個同學回憶說："有一次上課，只見她一個人把頭壓得低低的，默默地掉眼淚。原來她在看《紅樓夢》。那時候，女孩子是不准看《紅樓夢》、《西廂記》之類小說的，怕學壞了。"

英子唸初三的時候，北京國立藝專戲劇系的同學排演小仲馬的《茶花

在因緣際會下，初三的林海音參與了北京國立藝專戲劇系的《茶花女》話劇演出，這是她赴慶功宴時的俏麗模樣。

女》，邀請她飾演茶花女的女僕納寧娜。其實，她早在師大附小上學時，就在圖書室借看過林琴南翻譯的《茶花女》。如今，為能演好這樣一個小角色，她又特地跑到北新書局買來劉半農翻譯的《茶花女》，仔細研讀、琢磨。

每星期有三個晚上，英子都要隨小劇團到名戲劇家余上沅導演家排戲。她一放學回來，匆匆扒拉兩口飯，就一人趕往余先生家。在已經紛紛飄落秋葉的時節，洋車一路搖擺着她默默背誦的台詞兒。

在北京小劇院演出的《茶花女》非常成功。為紀念這次演出，英子寫了一

她的小說和散文，往往都以家庭為背景，包括小孩、女人、婚姻的描寫，由於平日細心觀察，對於各種瑣碎的情節，均能準確地表達出來。林海音的文字，一如她的笑聲和為人，爽朗而明快。打開她的書，或是和她聊天，你都會有"在春風裡"的感覺。

隱　地（台）

晚年林海音熱衷粉蠟筆畫，"家"是她不變的主題。

首幼稚的新詩《獻給茶花女》，發表在《世界畫刊》上。這是林海音一生寫作生涯中難得一見的詩篇：

你在終夜看守着這脆弱的生命，
你在你的肉體裡還留存着偎抱中所灌輸的溫和的柔情；
你緊緊地對着那默靜無言的唇，
這也是你愛阿芒而給阿芒的初吻。
無情的風，無情的雨，
再加上一個無情而柔弱無力的黃昏；
你為了青春，你犧牲了你的青春，
一個不可超越的身體，
便會有鬱悶、悲苦，和消滅的溫存。

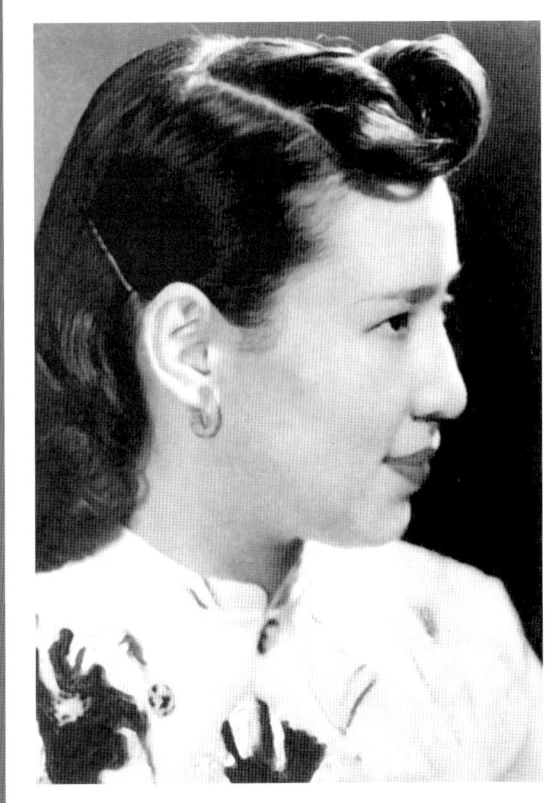

初為人婦。

5

南柳巷可算是林海音一生居住地中有重要意義的地方，她在喪父後的十年成長過程中，讀書、就業、結婚，都是從這裡起步。這裡留下了她的努力，她的艱苦，她的快樂，她的憂傷……有一點她覺得最幸福，那就是她有一個賢良、從不訴苦的母親，有一個和諧的相依為命的大家庭。

英子從春明女中畢業，進入翊教女中讀書。開學不久，聽說北平《世界日報》、《世界晚報》和《世界畫刊》的社長成舍我先生創辦了一所專門培養新聞採編人員的北平新聞專科學校。學生不光不用交學費，還可以邊上課邊在報館實習，並有機會進報社工作。

北平新專的實習記者時代。

考慮到家裡的經濟情況，當時她還有好幾個弟弟妹妹要培養，加上她這時候已經對新聞寫作產生了興趣，於是海音便自作主張報名投考北平新專。

林海音晚年在《一生的老師》一文中曾這樣追憶當年北平新專的生活：

> 那時《新聞學》方面的課程並沒有課本，只有一本徐寶璜翻譯的《新聞學》，以及邵飄萍等人寫的有關新聞學方面的幾本書。舍我師都瞧不上，所以他寧可親自講授他自己的一套，卻沒有講義。他口授，讓我們筆記下來，回家之後再把筆記用毛筆謄寫在正式

筆記本上。這也是一門苦練的功課，是為了讓我們借此練習“聽寫”及整理工作，外帶練習毛筆字。這一整理，幾乎要通宵工作，這樣的訓練練就我至今寫字快速，得益匪淺也。我有時想，如果那時的筆記留下來（我確實留過若干年），豈不可以出版了嗎？

北平新專既是英子作家生涯的起點，她的戀愛生活也在這裡萌芽。別看英子個子矮，卻是北平新專排球隊一名矯健的隊員。當時《世界日報》的編輯也常來學校打球，其中有一位球打得好，冰溜得更棒，他叫夏承楹。出自書香門第的夏承楹，在夏家排行第六，他和七弟是當年北海溜冰場上有名的花樣滑冰健將，人稱“夏六”、

與《世界日報》同事夏承楹（左一，筆名何凡）因同用一張辦公桌而相戀。圖為兩人與夏家兄弟在泳池畔。

一九三六年擔任《世界日報》記者，訪問日本女作家林芙美子（右）。

"夏七"。

夏承楹英俊儒雅的外表和溜冰場上花式翻新的身手，激活了英子少女春情萌動的芳心。她每次都會傻傻地凝視承楹的身影，燕子一樣從自己身邊滑過。可這位"夏六"並沒有注意到人叢中這位小他八歲的嬌小女生，直到他們成為《世界日報》的同事。

1935年，英子從北平新專畢業，正式進入《世界日報》工作，採訪文教及婦女新聞。《世界日報》的辦公室不大，為節省空間，夜班和白班的編輯、記者共用一個辦公桌。令海音欣喜的

1938年訂婚日。林海音、何凡與夏家老七夏承楣、弟媳周國淑（右一、二）都是傳統大家庭裡的新派人物。

是，她被分配和當時主編"少年生活"版的夏承楹共用一張辦公桌，共用一個抽屜。這張桌子蝕刻下倆人情緣的留痕。

承楹的父親是夏仁虎，字蔚如，號枝巢子，舉人出身，曾任國會議員、財政部次長及國務院秘書長，精通詩文詞曲。承楹自小受家學熏染，品學兼優，從師大附小起，一路保送師大附中初中、高中到師大外文系，中英文俱佳。這樣的男子，情竇初開的英子哪有不愛的理由。

承楹對英子的第一印象是：很好看，人也隨和。倆人的感情是在工作中自然而然生

一九三九年五月十三日結婚。

我與海音自1934年在北平《世界日報》結識，到現在已經共處六十六年。我們最長的分離時間是四個月，這是因為我們的工作互相配合，彼此依賴。……家務事我通常不管，因為我下班回家還要寫作。海音喜歡當家作主，我樂得省心，遇到大事時，她會徵求我的同意。……海音做事乾淨利落，並富創造精神。她十三歲喪父，母親無力出外謀生，她就帶着一弟三妹把家扛起來。她編“聯副”十年後離職，不久即獨立創辦純文學出版社，二十餘年間出版幾乎百本書，營業情形良好。後來海音自己覺得已到退休年齡該歇歇了，就在開業的第二十七個年頭宣告結束，符合所謂的“見好就收”的工作精神。

何　凡（夏承楹）

婚禮在當時的北京協和醫院禮堂舉行，林海音手捧最愛的白色馬蹄蓮，身穿自己設計的禮服，十分典雅。

北平是我住了四分之一世紀的地方，讀書、做事、結婚都在那兒，度過的金色年代，可以和故宮的琉璃瓦互映，因此我的文章自然離不開北平。

林海音

出來的。他們似乎沒有熱戀得多麼轟轟烈烈，也沒有什麼海枯石爛的海誓山盟，更多的是共同工作交往中的默契和體貼。許多年以後，林海音回憶起他們的戀愛說："別人戀愛，這個那個的，我們沒有。人家說，你一定有很多人追求，其實，我是不隨便讓人追的。我們就是兩個人玩在一起，他寫，我也寫，志同道合嘛！"

1939年，二十二歲的英子與而立之年的承楹在北平協和醫院禮堂結婚以後，就住到了永光寺街一號的夏家，這裡距南柳巷走路不過五分鐘，是個有着四十多口人的大家庭。承楹在自家雖排行老大，英子卻是家族中的第六個兒媳。正是在這裡，海音做了母親。孩子滿月時，她按照夏家的老規矩，先到婆婆屋裡叩頭：“娘，給您道喜！”

抗戰勝利後，林海音與丈夫帶着兩個孩子搬到南長街28號，這是一所小四合院的房子，獨立的小家庭生活從這裡開始了。家對面是中山公園的冰窖後門，天氣好的假日，林海音夫婦常推着藤製的童車，拉着大的，推着小的，四口兒過馬路，進冰窖門，柏斯馨，長美軒，春明館，飲茶、吃點心、賞魚、品花，好不快意。

這樣安定的生活一過近十年。

1948年，林海音一家是從南苑機場上飛機回台灣的。飛機飛到了北平上空，在方方

婚後生活愉快，夫婦倆都胖了。

1941年，有了第一個孩子祖焯。

嫁入夏家。永光寺街的小樓上，夫婦倆有個溫馨典雅的家。

夏家是大戶，林海音性情開朗隨和，嫁入這擁有三四十口人的大家庭，婆媳、妯娌間相處和諧。圖為全家於公公仁虎先生(前排中坐抱祖焯者)七十整壽時在北京中山公園水榭合影留念：前排右一是大婆婆，前排左二是二婆婆，林海音與何凡站在後排最左。

正正的古城繞了個圈，最後難忘的一瞥是協和醫院的綠色琉璃瓦。英子的心顫抖了，這真是一種離開多年撫育的乳娘的滋味。

海音心裡難過極了，離開第二故鄉北平，恐怕連東南西北都辨不清呢，她習慣的是古老方正的北平城。早上，太陽總是正正地從每家的西牆照起。她記得媽媽總是在灑滿晨暉的方桌前對鏡梳頭。喜歡擺弄植物的爸爸，冬日裡愛用一隻清潔的淺瓷盆，鋪上一層棉花和水，撒上一些麥粒。之後，她就眼巴巴地天天盼着麥粒發芽，生出嫩綠嫩綠的

1963年春節。第二排左起：林海音、媽媽愛珍、二妹秀英、五妹燕玢；後排左起：長女祖美、兒子祖焯、二妹夫陳祥霖、五妹夫張人鳳、何凡、次女祖麗。么女祖葳（前排右二）。

青苗來。

海音一閉上眼，北平的一切便過電影般浮現眼前。她在想天安門前的華表，那“一柱擎天”的偉觀，印在腦中，是不會消失的。她的鼻子一酸，眼淚就要下來，她似乎又聞到華表旁一排盛開的馬櫻花的甜香隨着清風撲鼻而來。她在想冬日雪後的初晴，從北海漪瀾堂到五龍亭的冰面上，與年輕同伴一起溜冰的快樂。那冰面的銀白中反射着太陽的微微金光，和充滿青春朝氣、飄逸優美的身姿，構成一幅北國冬日的風景。她怎能忘自己最愛吃的豆汁兒、扒糕、灌腸，想想我只想把林先生的"京味兒"在語言上的特點做一點伸引：林先生的作品有幽默的氣質。幽默不完全是技巧，也不等同於逗樂，它首先是一種氣質。她的心是"熱"的，她不趕盡殺絕，她有同情，有憐憫，有可憐，而且可憐的成分往往大於恨，寄希望於未來。所以，她能用幽默寫悲劇，一點都不矛盾。她的幽默既對別人又對自己，一視同仁。所以，她屬於人世間最善良最坦蕩最可親近的人。

舒　乙

都要流口水。還有騎着小毛驢到香山雙清別墅看金魚，那金魚美麗的游姿和小驢兒的醜怪嘶鳴，是多麼令人難忘。還有那熟悉和喜歡的北平街頭的叫賣聲，那些個抑揚頓挫、妙語如珠、和諧悅耳的吆喝，到老都在林海音的腦子裡打轉。這吆喝已經成了老北京文化的一部分，"快買份兒《群強報》看咧！看這個大姑娘女學生上了新聞嘍！"隨着時光歲月的流逝，這聲音飄遠了，可林海音的心卻沒有一天離開過北平。

"京味兒"的聚會。前排左起：郭立誠、莊嚴、陸奉初、林海音；後排左起：張大夏、夏元瑜、丁秉燧、何凡、陳紀瀅。

思索。

6

林海音離開大陸以後，一直到晚年，連語言帶生活形態，依舊“比北京人還北京人”。聽她在電話裡用乾淨利落的京腔聊天特別開心，她總愛説“趕明兒個”、“這麼樣兒啊”之類的口頭語，聽上去是那麼家常和親切，就像是一個住在北京四合院裡的老奶奶在給孫子孫女們繪聲繪色地講故事，那聲音直暖到人的心脾。

林海音怎麼忘得了北平！如果把林海音這輩子分成兩半，她的前一半是在北平度過的。懷念“老北京”，介紹那裡的名勝古蹟、風土人情，就成了下筆難忘，習慣成自然的事。她的文章有着濃厚純正的京味兒。《英子的鄉戀》以親切的京味兒語言，寫出了老北京的色、香、味。老北京的風采神韻、人情物事盡在筆底，全然一幅用文字繪製成的展現老北京市井風貌的"清明上河圖"，人文、歷史、民俗、自然風光、百姓生活等等，都在這畫卷裡了，那刻骨銘心的鄉思和沉甸甸的懷念，滲透在每一滴筆墨中。她的《家住書坊邊》整本都是寫老北京的，真是一本京城回憶錄。她寫老北京的文章可太多啦，連題目都透出京味和鄉戀，像《虎坊橋》、《北平漫筆》、《苦念北平》、《騎小驢兒上西山》、《老北京的生活》、《訪母校·憶兒時》、《我的京味兒之旅》、《城牆·天橋·四合院兒》。林海音說："我漫寫北平，是為了我多麼想念她，寫一寫我對那地方的情

她的小說大多具有濃厚的京味，並沒有台灣新文學的抵抗意識，倒有中國三十年代文學的影響。她喜歡描寫的是在舊道德倫理的桎梏中痛苦掙扎的許多新、舊時代的女性。小說的故事情節大多繞着家庭、婦女、老人和小孩發展，她有明晰的批判社會意識，但她纖細的女作家特有的心理探索，使得批判意識隱藏着，使她的小說有温柔的外觀。

葉石濤（台）

老北京的街道。

感，情感發洩在稿子上，苦思的心情就好些。”

台灣是林海音的故鄉，北平是她長大的地方。在北平的時候，常幻想自小遠離的台灣是什麼樣子，回到台灣以後，卻又時時懷念北平的一切。她是多麼希望將來有一天，“兩個地方接起來，像台北到台中那樣，可以常來常往。那時就不會有心懸兩地的苦惱了。”她在北京住得太久了，童年，少年，青年；戀愛，結婚，生子，人生最美好的生命都在這裡度過，像樹生了根一樣。她在北京住了二十六年，快樂與悲哀，歡笑和哭泣，所有的感情都傾注在了這座古城。

她是多麼熟悉這裡的季節啊！在陽光明媚的春天，

任職《國語日報》編輯時。當時報社鄰近植物園，林海音常在此休憩沉思。

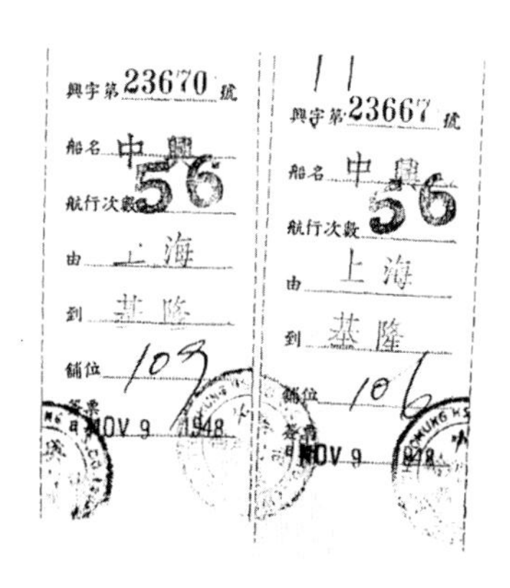

興字第23670號
船名 中興
航行次數 56
由 上海
到 基隆
舖位 103
NOV 9 1948

11
興字第23667號
船名 中興
航行次數 56
由 上海
到 基隆
舖位 106
NOV 9 1948

1948年回到故鄉台灣，這是她留存的當年的兩張船票。

舊日北京的洋車夫和賣糖葫蘆的小販。

可以到中山公園細細地品賞牡丹、芍藥。而在夏季的黃昏，則可懶洋洋地躺在太廟靜穆松林遮掩下的籐椅上，捧着一本心愛的書，喝幾口清淡的香片茶，聽幾聲悠長的夏蟬鳴。

北平秋的氣味最好聞。林海音小的時候，逢秋最愛去的是西單牌樓。那裡炒栗子的香味瀰漫在街道上和人群中。剛捧定一包熱乎乎的糖炒栗子，又有陣陣清香的味兒飄過來，呵，原來是棗、葡萄、海棠、柿子、梨、石榴……全都上市了。海音喜歡吃這些秋之果。沙營的葡萄，黃而透明，一掰兩截，汁兒都不流，有“冰糖包”的外號；京白梨，細嫩而無渣；“鴨兒廣”柔軟得賽豆腐；秋海棠紅着半個臉；石榴笑得合不攏嘴。到西山楓葉紅透的時候，海音愛約了同學踏上海淀道去尋秋。看紅葉，聽松濤，或者把牛

醞釀一篇作品的時間，遠超過執筆的時間，所以個人就特別地珍愛；原來它們是片片“襤褸的”碎布，現在剪接成一件件美好的衣服，我的小說寫作過程，就是這樣的了。

林海音

我是多麼想念童年住在北京城南的那些景色和人物啊！我對自己說，把它們寫下來吧，讓實際的童年過去，心靈的童年永存下來。

就這樣，我寫了一本《城南舊事》。

我默默地想，慢慢地寫。看見冬陽下的駱駝隊走過來，聽見緩慢悅耳的鈴聲，童年重臨於我的心頭。

林海音

肉帶到山上，吃噴香的松枝烤肉。回來時，不忘摘幾片紅葉，夾在書裡。到了冬天，駱駝隊來了，就停在英子家的門前。看過電影《城南舊事》的讀者該記得這樣一個好玩的場景：英子站在駱駝的面前，看它們咀嚼着吃草料。醜臉，長牙，上牙和下牙交錯着磨來磨去，大鼻孔裡噴着熱氣，白沫子沾滿了鬍鬚，它們的神態那樣自得安詳。英子看得獃了，自己的牙齒也不自覺跟着動了起來。領頭兒的駱駝長脖子下總繫着一個鈴鐺，走起路來"叮噹、叮噹、叮噹"地響。英子問爸爸為什麼會這樣。爸説駱駝很怕狼，脖子上掛個鈴鐺，狼聽見了，知道有人在保護着，就不敢侵犯了。英子的幼小的心靈中卻充滿了與大人不同的想法，她對爸爸說："不是的，爸！它們軟軟的腳掌走在軟軟的沙漠上，沒有一點聲音，

駱駝隊。

夏家三千金。

老么祖葳是在台灣出生的。

你不是說，它們走上三天三夜都不喝一口水，只是不聲不響地咀嚼着從胃裡倒出來的食物嗎？一定是拉駱駝的人，耐不住那長途寂寞的旅程，所以才給駱駝帶上了鈴鐺，增加一些行路的情趣。”

“人生百歲幾日春，休將黑髮戀風塵。去年此地君曾至，想見蔦花待故人。”海音一閉上眼，她住城南時的那些景色和人物便會浮現眼前。童年的冬陽隨着駱駝隊的遠去一去不返，那緩慢悅耳的鈴聲，卻始終縈繞在心頭。

海音是多麼想念北平，想念童年住在城南時的那些景色和

1993年在北京與《城南舊事》繪圖本的北京插圖畫家關維興在一起。

1990年在台北與《城南舊事》電影導演吳貽弓（右）在一起。

人物。她住過的椿樹胡同，新帘子胡同，虎坊橋，梁家園，盡是城南風光。她默默地想，默默地寫，北平的景色、童年和人物便撲面而來，於是就有了展現二十年代北京風土人情和生活真態的《城南舊事》。它樸素的寫實風格，具有獨特的魅力和永恆的價值，有學者說它是“人生最樸素的寫實，它在暴行、罪惡和污穢佔滿文學篇幅之前，搶救了許多我們必須保存的東西”。它是那麼的親切、自然，有一股讓人覺得熱乎乎的親和力，充滿了生氣、情調和樂趣。而這一切，均來自林海音生命裡的真和性情裡的熱。高陽先生對林海音的作品有

《城南舊事》繪圖本問世的首發式。左起為格林文化總編輯郝廣才、時任文建會主委申學庸及林海音。

過這樣的評價：“細致而不傷於纖巧，幽微而不傷於晦澀，委婉而不傷於庸弱。”

林海音的《城南舊事》初讀時只覺得是個不經意的小故事，但讀後給人心靈的震撼很大，你會驚奇一個小故事何以會給人這麼大的激盪和震撼。作品的寫作技巧隱藏在不經意的、不自覺的、自然而然流露出的文字裡，這與作者的性格為人，是一脈相承的。林海音率直、親切，給人一種家庭主婦般的溫暖感覺，就像她的文字，從沒有刻意的技巧性東西的痕跡，而是舒緩自然，像一條小溪流，晶瑩、明亮、澄澈，讀者能聽到它的響動，它舒舒緩緩地就流了出來，帶給你清新、明澈、

繪圖本《城南舊事》中小英子的形象。關維興畫。

與文友合影。

溫馨和豁達。

一個作家的作品如果僅僅反映某個時代的問題，他只能是那個時代的作家。一個作家能不能立足長遠，與他的作品能否超越時代背景有關。林海音的《城南舊事》寫出了人類命運共通的東西，是超越時代的，也是經得起時間磨礪的。

作者將英子眼中的城南風光均勻地穿插在敘述之間，給全書一種詩意。讀後的整體印象中，好似那座城和那個時代扮演着比人物更重的角色。不是冷峻的歷史角色，而是一種親切的、包容的角色。《城南舊事》若脫離了這樣的時空觀念，就無法留下永恒的價值了。

齊邦媛（台）

小象、小鳥、小青蛙，林海音興趣廣泛，其中之一就是收集小東西。

7

“為何我寫作？我心中所蘊蓄的必須流露出來，所以我寫作。”（貝多芬語）林海音正是這樣。那麼她如何把握小説題材呢？她所欽佩的前輩女作家凌叔華，當年和英國著名作家弗吉尼亞．伍爾芙用英文通信時，伍爾芙一直鼓勵凌要寫自己切身熟悉的事物，説：“……繼續寫下去，自由地去寫。不要顧慮英文裡的中國味兒。事實上，我建議你在形式和意蘊上寫得很貼近中國。生活、房子、傢具，凡你喜歡的，寫得愈細愈好，只當是給中國讀者的。……”林海音是在寫作四十年以後才讀到這段話的，但她不禁心中驚喜：自己的文學寫作同這樣的寫作理念是這麼地接近呢！

林海音的文學創作生涯始於1950年寫的一篇小小說《爸爸不在家》。在此之前，她一直從事的是新聞工作。林海音覺得，新聞寫作一定要忠實地把各方面所發生的事情記錄下來，它只可以解釋，卻不能加入主觀的見解。比如一件刑事案，在未破案和法院審判以前，對任何人、任何事，都不能下斷語。她自然恪守這做記者的本分，但這樣的採訪、記錄工作，日久天長一成不變，心裡便不再滿足，如對一個案件的報道，她會關心這個案子以後會怎樣，她還會在頭腦中自己勾畫一種結果。新聞的照

雖然她說自己是在凌叔華、謝冰瑩、冰心等二三十年代才女們的作品影響下開始創作的，但卻一點也沒有她們那冰清玉潔、"只可遠觀，不可近聞"的淑女氣質。走進林海音的作品，就像去拜訪一個熱情好客的家庭，迎面走來的主婦總是體貼入微，豪爽大方，她的語氣，她的用詞，都像一個聊天入神兒的好朋友在告訴你知心話。沒有書卷氣，沒有貴族氣，活生生一個北京四合院裡的老百姓！

鄭　實

三十年代女作家凌叔華（前排中）來台，林海音（前排右）、謝冰瑩（前排左）、（後排左起）王怡之、張秀亞、琦君一起去探望她。

以北京為背景的小說中，林海音很喜歡老舍的《駱駝祥子》。圖為1990年在北京與老舍的兒子舒乙會面，背後是老舍的畫像。

實記錄漸漸不能滿足她的寫作慾望，她要做的是把自己編排的故事寫成小說，她要假設那案子的主角涉案的動機、人物的類型，按自己的想像虛構故事的發展。

林海音開始閱讀二三十年代作家的作品，正是她讀初中時。那時中外作品也真豐富，中國的她喜歡凌叔華、沈從文、蘇雪林、郁達夫等人的作品。外國的像俄國的屠格涅夫、陀思妥耶夫斯基，英國的狄更斯、哈代，德國的歌德，法國的林海音小說的題材及主角幾乎清一色是女性，常又描繪不幸女性的處境。而她的筆法也有女性作家細膩及婉約的一面。有人說人如其文，這樣一個女作家應該在生活上也相當女性化了？然而不是，她是個相當男性化的女人。我們每個人身體裡都有男性及女性的特徵，林海音的男性特徵遠比女性的特徵多。

夏祖焯（台）

莫泊桑、巴爾扎克，日本的谷崎潤一郎、川端康成、林芙美子等等，都是她喜歡的作家。她貪婪地從這些優秀的作品中汲取着營養。

林海音的小說創作大都以女性細膩的眼光，透過婦女的遭遇，來表現民國初年以來不同階層、不同類型婦女不幸的婚姻故事和悲劇命運，塑造了一系列成功的女性藝術形象。而她的可貴，不僅僅在於以滲透着人性的女性寫作，形象地描寫與反映婦女們幾乎無一例外地忍受着愛情、婚姻和家庭的痛苦、不幸和折磨，而是"往往能從世界性婦女問題的癥結，來思考今

1993 年親訪著名女作家冰心。

1994 年攝於純文學出版社門前。

日台灣婦女的特殊遭遇，深度已達到超越女性的界限”（葉石濤語）。

林海音執拗地把題材只限於女人身上，而又以女人細緻的觀察和敏銳的感受，來雕塑成一個女人的世界。翻滾在這個世界裡的女人們，雖然有的也嘗到過生活的歡樂甚至刻骨的真愛，但沒有一個女人得到真正的幸福。林海音的小說幾乎都是寫女人的悲劇，婚姻、家庭、兒女、老人自始至終是她描寫的對象。“在這狹窄的天地裡，她洞悉人性的諸相，生為當代中國人的苦難。雖然她的探求使得她觸摸了家庭以外社會枝枝節節的諸現象，那是

林海音筆下的母性，已與傳統的忍氣吞聲、縫縫補補的母親形象有了很大的區別。她所特推崇的母性品質不僅僅是“撫育”，更具“撫養”的性質，也就是說是供給生活所需的贍養的責任和能力。林海音實際上就賦予母性以傳統男性的一種社會功能，因而，這樣的母親形象與現代母性所追求的自我實現實際上並不矛盾，也可以說是她以貌似女人的傳統身份，高揚了一種現代的精神。……林海音賦予“撫養”以人性的最深的意義，她的作品的反叛性也由此而來。“母性”正是這個最深意義的恰當載體，或說是象徵。

李　今

一九九四年與老友張秀亞（右）同獲世界華文作家協會及亞洲華文基金會的「向資深作家致敬」榮譽。

林海音先生一生認真寫作，從容生活，熱情提攜文學新秀，大方坦誠待人。她的為文、為人當之無愧地受到文學晚輩的尊敬。她的文字可能不會強烈地震撼你的心，卻因飽滿而質樸的情感和關愛凡俗生命的體貼產生着悠遠長久的魅力，緩慢而有力地滲透在兩岸讀者的閱讀生活裡。她為兩岸文化交流所作出的積極努力和貢獻，更令人格外感佩。

鐵　凝

無意觸及的，也令人覺得是無關宏旨的陪襯，她真正有興趣的，就只有最古老又深刻的問題——女人的命運。”（葉石濤語）在林海音的筆底，社會的蛻變，世事的滄桑和時代的推移，都是透過女人悲戚、酸苦的心聲來尋覓表現的。

8

在中國現代文學館舉辦“蕭乾文學生涯60年展覽”之前不久，蕭先生介紹我和林先生通信。這以後，我們的通信和她打給我的電話便多起來。我總想為林先生做點什麼，就找蕭先生討主意。他說不如先用書信的形式採訪一下林先生，既建立了感情，又讓大陸的讀者了解了文學的林海音和她家庭的情況。於是我便寫信給林先生，摟頭蓋腦地提了一大堆問題。這就是後來最先在《中國新聞出版報》分上、下兩篇發表的訪談錄《生活者林海音》。

年輕時海音喜歡美國作家露易莎·阿爾科特（Loisa M. Alcott）的小說《小婦人》，

參加北京中國現代文學館開館儀式。左起為張光正、林海音、文潔若與蕭乾夫婦，背後是冰心的畫像。

她還把書中老四的名字Amy取作自己的英文名字。但她更欽佩率真果決、敢替媽媽作主拿主意的老二Joy。小說中描寫的女孩子們幸福快樂的家庭氛圍和英子家裡的情形很相似。少女時期的英子沒有那麼多的青春夢幻，而是要做一個實實在在的"小婦人"，替媽媽當家作主。難怪有位算命先生當時說她"主意大着呢，有男人氣"。

這個有主意，能作主的林海音，後來成了出色的職業女性。她用手中的筆，為人們記錄描繪了一幕幕人生的悲歡離合。嚴格說來，林海音作為作家的寫作生涯是

> 寫作有許多種快樂。最快樂的，莫過於下筆如行雲流水。不要誤會，我並不是說，我的作品像行雲流水那樣美好。而是說，寫起來輕鬆愉快的心情有如行雲流水，不受拘泥，不費力氣。
>
> 林海音

寫作是我的職業，也是我的愛好。我是一個極普通平凡的女性，做了一生的職業婦女（寫作算是職業吧？編輯總算是職業吧！）但仍是不放棄照顧家庭。記得最近在某刊物讀到描寫一位美國影星史翠普的，說她有四名子女，她陪孩子看兒童電影的時間，並不少於她給成年人演電影的時間，跟所有就職的母親一樣，她必須在事業與家庭之間取得平衡。此語實獲我心，也是我的寫照，我願意套她的話說，她（林海音）在廚房的時間並不少於她在書房的時間。每天上午當我踏進我的出版社辦公室，同仁們不知道，我已經起五更把午餐準備好了，中午回家只要放進微波爐按鈕熱一熱就行啦！我也很能玩，更愛朋友，所以朋友給了我一個封號："生活者林海音"（北京人語"過日子人兒"），我坦然受之。

林海音

早期女作家聚會。左起（前坐者）：孫多慈、宋英、徐鐘珮、林海音；後站立者：張明（左一）、顧正秋（左三）、陳香梅（左四）等。

從返回家鄉台灣開始的。她通過寫文章，投寄給報刊發表，得以結交許多文友。也是在這個時候，她正式用林海音這個筆名取代了本名"林含英"。

林先生做了一生的職業女性，卻從未放棄照顧家庭。跟所有就業的家庭主婦一樣，她也必須在事業家庭之間取得平衡。她下廚房獨享主婦之樂的時間，並不少於她在書房的時間。她能玩，愛玩，對朋友熱心極了。大家也深愛着她，封她一個綽號，就是"生活者林海音"，用北京人的話說就是"過日子人兒"。她喜歡這樣的稱謂，坦然受之。

在報社任職時，每天下午即到報社編稿。左為同事新聞編輯唐達聰。

她在收到我寄的報紙後來信說："來信附《生活者》(下) 也收到了，你說他們刪了些，刪了什麼，我也不記得。你們大陸報刊對作家的作品，不太尊重，要變動或什麼的，我們這兒是要跟作者商量的，你們不嗎？有一次我寄剪報給蕭乾先生(並非要他替我投稿)，他就給我不知寄到什麼爛報去轉載，就刪了一大段，不上不下的，後來我就再也不敢寄東西給蕭先生了。"(1993年7月27日)

除了是個出色的作家和生活者，林海音在做《聯合報》副刊編輯和創辦純文學

我對林海音女士，是抱着無限尊敬的感情的。在她主編"聯副"那段時間，她在編輯枱上的那把剪刀，每天都為我們剪裁一些漂亮而合身的文學的衣衫，這不但使我們這些讀它的人在寒冷中不受凍，也讓我們這些寫它的人都覺得很有面子。……我懷念它，是因為它是這麼多年來，在文壇上少有的一個有靈魂、有感覺又有目標的東西。而這一切都是林海音女士的貢獻。

楊　蔚 (台)

當她坐在辦事桌前，鼻樑上架着繫有金鏈的細框眼鏡，看書、選稿、讀信，神態嚴肅認真，這個時候她是理智果決甚至是無情的（操生殺文稿大權），這是編輯林海音；當她摘下眼鏡讓它懸掛胸前，檢視起發行事務或交涉工廠印刷裝訂時，她是精明幹練絕不含糊的，這是老闆林海音；當她摘下眼鏡，接待各類朋友，閑話家常時，她是親切爽朗，博知風趣的，這是作家林海音。我崇拜編輯林海音，害怕老闆林海音，喜歡作家林海音。

鍾鐵民（台）

出版社期間，對推動與發展台灣文學，挖掘與提攜新人後進方面也功不可沒。

林海音這個能幹的“小婦人”，在小女兒降生剛剛滿月，就走馬上任開始主編“聯副”。“聯副”從她手上改變了以往的說教味和市民味，而增加了文學味和藝術味。在副刊上，她除了編發小說、散文和詩歌，還注重介紹外國作家作品和報道外國文壇的消息，使讀者拓寬了國際文壇的視野。這在當時可算

“聯副”十年，是林海音小說創作最旺盛的時代。

女作家慶生會。前排左起：琦君、鍾梅音、林海音、陳紀瀅夫人、張漱菡；後排左起：王琰如、張雪茵、黃䫥思、劉枋、劉咸思、黃媛珊。

開風氣之先。

海音人緣好，約稿能力強，更重要的在於她有卓識的編輯思想。她組織建立起了"聯副"高品質陣容齊整的實力派作者隊伍，幾乎網羅了全台灣最優秀的小說家。陳紀瀅、梁容若、洪炎秋、齊如山、謝冰瑩、司馬中原、朱西寧、隱地、鍾肇政、彭歌、琦君、張秀亞、孟瑤、郭良蕙等等，不勝枚舉。而且，繁雜的編務工作，全憑她一人張羅。

正如後來主編"聯副"多年的台灣詩人瘂弦所說："文藝創作是副刊的重心，小說則是重心的重心，一個副刊的成敗，要看它有沒有好的小說出現。林海音女士時

七十年代後期開始，（左起）林海音、齊邦媛、殷張蘭熙、林文月四人每月聚會，她們不但興趣相投，還合作翻譯及出版了不少書籍。

對林海音女士，我着實從心底裡尊敬她，一個刊物的編者，無形中掌握了初學的人的寫作命運，我就是那麼幸運地碰到林海音女士。要是碰到另一個編輯，我真不知道我現在是幹什麼的，那些寫小説的時間也不知道會花在什麼玩藝兒上面哪！我知道我在寫作上一直沒什麼進步，想想林海音女士的栽培，我是應該更加努力的。

黃春明（台）

與夫婿何凡忙裡偷閑，相偕至日月潭度假。

代的‘聯副’之所以至今為人津津樂道，就是因為在她的發掘下，出現了黃春明、張系國、林懷民、七等生，重視了鍾理和、鍾肇政。”

林海音主編時期的“聯副”令人懷念，除了她能以敏鋭的眼光發掘作者的才華和潛力，為新人嶄露頭角提供文學試驗場，她還有着博大廣袤的編輯胸襟和女性體貼周到的特點。黃春明説她“在文壇像一個慈母，她為作者改稿子，寫信鼓勵他們，也常常約大家一起吃飯，充滿母性的溫暖，男編輯很難做到這一點”。

1963年4月23日，“聯副”左下角刊出作者署名“風遲”的一首詩《故事》，講一個船長漂流到一座小島，被島上美女吸引而流連忘返。不想被當局指摘有“影射總統愚昧無知”之嫌。林

《自由中國》雜誌作家群。前排左起：宋英、琦君、潘人木、孟瑤、林海音、聶華苓；後排左起：吳魯芹、夏道平、夏濟安、劉守宜、雷震、何凡、周棄子、郭嗣汾、彭歌。

海音當即向報館請辭。這一“船長事件”在當時台灣文壇引起不小的震動，“林海音因刊登一首詩被迫辭職”的消息不脛而走。

林海音辭職以後的“聯副”，讓作者很快就感到了風格的不同，副刊一下子變得很小心、很世俗。她的辭職還讓有些作者有種彷徨感，原來一向都是寄稿子給她，忽然覺得不知道該把寫好的東西寄往何處。

鍾肇政在一篇《令人懷念的歲月》中說出了許多當時向林海音投稿的台灣作家的心聲：

> 對還在為文學障礙而苦苦格鬥，弄得頭破血流的我們這一群受日文教育長大的一小撮作者而言，大約二十年前的“聯副”，可說是一塊珍貴而親切的發表園地。篇幅是那

> 一般而言，當時的文壇還是相當地貧瘠，依然以狹義的戰鬥文學為主力。林女士所帶來的雖然不是狂風暴雨，至少是一陣可喜的甘霖，給失水的土地以適當的滋潤，使蘊藏在地下的種子有發芽和成長的機會。
>
> 在印象裡，林女士選稿敏速而準確。她具有優秀的編輯所應具有的銳利的眼光和過人的膽識。一位優秀的編輯，不屬於任何作家個人，是屬於整個文壇的。
>
> 鄭清文（台）

夏府客廳一直有"台灣的半個文壇"之稱，往往是一位主客、一桌陪客，一個晚上的文藝雅集，聚會結束並不是真的結束，幾天後，當晚的賓客都會收到海音姊寄來的照片。過一陣子，有人自異鄉返國，大家自然又聚攏在一起。這是海音姊那磁石一般的力量，讓大家自然而然地向她靠攏。……

海音姊是位勤奮的人，勤於工作，使她橫跨報社與出版業，兼顧編輯與作家的角色；勤於家務，使她有一美滿的家庭，子女成材，友朋都喜歡她；勤於美的追求，則讓她一生雍容美麗，每一張照片都宛如一朵盛開的牡丹，永不凋零，而她的文學事業也何嘗不是如此。

瘂　弦（台）

"當年的林先生家就是文壇的一半"，作家隱地（左）曾這樣描述。圖為琦君、李唐基夫婦（右二、三）回國，林海音請吃薄餅；由她炒菜，潘人木（右一）烙餅。

麼小，除了一個方塊與一寫一譯的兩個連載之外，一篇小說只能有三千來字長，這倒好，因為所用的文字必須做到最簡省的地步。我們相約拚命地向她投稿，收穫還算很豐碩，與編者也建立了深厚的友誼，書信往返，經常不斷……

那個"小小"的副刊成了一塊光明之地，而造成這一塊光明的，不用說是編者林海音女士了。

林海音是"一家之主"型的作家、編輯和出版人。半個世紀之後，有人說，林海音的夏家就是台灣的半個文壇。寫作的人到了夏家，如沐春風；也有不寫作的

1967年純文學出版社成立，為讀者開闢了一方純淨的文學天空。

人，來到這裡，好似穿越一道光，從此變成文人，甚至也進入了文壇。余光中先生在執教香港中文大學期間，每回台灣，必受邀到夏府與文友聚談，使他有一種"好像到了夏府，才像回到台灣，向文壇報了到"的感覺。

1967年1月，閑不住的林海音又創辦了《純文學月刊》，她身兼發行人和主編，並兼理社務。她要親自寫約稿信，有時為約稿還要登門拜訪，一人忙得團團轉。她在寫給鄭清文的約稿信裡，滿懷深情地說："如果一份高水準的文學刊物都不能存在的話，整個國家的文化就完蛋了，因此我相信《純文學月刊》的前途。我的努力和自信，也要加上作家們的絕對擁護才行。"

林海音在台灣文壇樹起了"純文學"大旗。《純文學月刊》上發表了許多中國作家的林海音本人對於文學論戰毫無興趣。她在五十年代生產的小説，明顯具有五四文學風格，包括她從不諱言十分崇拜凌叔華的小説。以編輯角色而言，她更大膽突破政府的禁忌，在她主編《純文學》雜誌時，逐期介紹大陸二三十年代作家，從許地山、老舍、沈從文、周作人，到朱湘、戴望舒，兩年內介紹了十八位作家。以後收集成書，題為《中國近代作家與作品》，印成厚厚一大冊，在"純文學"出版。

應鳳凰（台）

純文學出版社的員工與好朋友。左起為董陽孜、王信、何凡、林海音、鍾麗慧、呂淑芬、王開平（前坐者）、吳鴻仁、金梅英。

代表作，也介紹了很多外國作家的優秀作品。從第二期開始開闢的《中國近代作家與作品》專欄，着重介紹"五四"一代及二三十年代的作家作品。由於其中大部分作家在大陸，在台灣當時情形下，這麼做是要冒一定風險的。林海音多年後回憶説："那時的氣氛有異，我硬是仗着膽子找材料、發排，'管'我們的地方，瞪眼每期查看。……看現在編輯先生這麼輕鬆放手發排的兩岸三邊的文藝徵文、轉載、破口大罵等等，真是令我羨慕不已，而且怪我自己'予生也早'了。"

可惜這樣一份純而美雅的文學期刊，銷路一直沒能打開。再加上編務、約稿、看稿、校對、編排，甚至跑印廠，全由海音一人撐着，

林海音與她所出版的各種書籍。

實在是心力交瘁，難以為繼了。1971年6月，海音在主編了第五十四期《純文學月刊》之後，將它交學生書局接辦。

經過整整一個夏天的休整恢復，海音又開始把心力全部投入到純文學出版社的業務上了，直到她晚年病弱得不再能堅持，時間跨度幾乎長達三十年。在這三十年裡，她出版了很多優秀的創作和翻譯作品，有的作品重印多次，在信奉"金錢至上"的商業社會裡，她始終堅持出版社的純文學的定位。這讓我感到她有着多麼高貴的精神和情懷！她不僅策劃主題書的出版，還常常自己設計封面，真是個什麼都一把抓的“小婦人”。難怪余光中先生說：“海音無論編什麼都很出色，很有魄力，只要把自己的作品交給她，什麼都不用去操心了。”海音自己也說：“我實在熱愛編輯工作。”

林海音自己的很多書都是由純文學出版社出的，她還不辭辛勞地為丈夫何凡（夏承楹）編輯出版了二十五卷六百萬字的《何凡文集》。這部文集收錄了何凡在《聯合報》副刊上開設的專欄“玻璃墊上”的全部文章。從1953年12月起至1984年7月12日止，何凡一天不落堅持為這個專欄寫作三十年零七個月，刊文篇數超過五千，字數超過五百萬字，記錄了台灣社會四十年走過的軌跡，這部書因而被譽為是一部台灣社會的發展史。

林海音畫像。徐格麟繪。

1989年全套六百萬字的《何凡文集》出版，是純文學出版社投入時間、人力與經費最多的一套書。

文字最難得的品質，是作者用心用力，卻不見鑿痕，惟見自然。林海音的文字正是這樣。這正是老舍先生說的，“不用任何形容，只是清清楚楚寫下來的文章，而且寫的好，就是最大的本事，真正的功夫”。也該是巴金先生所說的，無技巧是最高的技巧了。

在以“深奧”為技巧、扭曲為創造的文字迷障中，我覺得，林海音的語言，是可以作為我們回歸文學淨土的借鏡的。

古　劍（港）

1990年因主編《何凡文集》獲得金鼎獎的主編獎。

林海音一點不吝惜把純文學出版社出的書送朋友。她給我寄了書單子來，讓我圈出自己喜歡看的書，然後就海運寄來。她送的書太多了，她將純文學出版社出的書捐贈給中國現代文學館一樣兩本，文學館就此成立了“林海音文庫”。現在，這個文庫也成了對她的永遠懷念。

“在蒼茫的暮色裡加緊腳步趕路”是何凡與林海音的名言。

9

1993年11月，林先生要來北京了，要來參加“當代台灣著名作家代表作大系出版座談會”。這套書是現代文學館主編的，冰心、蕭乾二老和林先生是顧問。林先生這個“顧問”可是又顧又問的，從名單的確定到版權的張羅，她一個人全包了。我們在信裡約定，等她到北京後，一定單獨好好聊聊。

林先生特講老理兒，一到北京，要先去拜望幾位老前輩：冰心先生、她先生夏家的老嫂子、胡絜青女士和蕭乾先生夫婦。約好時間，我就跑到蕭先生家恭候着。門鈴一響，我去開門。真見到林先生，我還有點拘謹。儘管寫信時林奶奶長林奶奶短的，但當面一下子竟沒叫出口。我叫她“林先生”，沒想到她一繃臉說，“叫奶奶”。我立刻高興地叫起了林奶奶。

幾天後，蕭先生夫婦陪林先生參觀我工作的現代文學館，我因公幹在外，無緣再次晤面。後來舒乙先生告訴我，林先生還向他問起我。我頓時覺得心裡暖洋洋的。可這次林先生的大陸之行行程匆忙，舒乙先生把林先生的日程排得太緊了，就把我們單獨見面的機會擠沒了。我不快意起來，等林先生回到台北，我跟奶奶任性抱怨調侃的信也到了。林先生很快來信安慰我說：“這次的北京行，最對不起你，因為沒出發前通信，就已經期許可得好好聊聊，誰知節目像馬路上的塞車一樣，把我的時間佔滿了，我和家人也很少集聚。……唉！跟你當面聊多好。只

林海音的名字中的木代表芬芳，水代表汪洋，而她最喜歡的象代表博大，這些也是她自己人格的反射。

余光中（台）

1993年受邀赴北京參加“當代台灣著名作家代表作大系”發表會。林海音的左邊是舒乙、右邊是蕭乾。

好期以明春試試看了。”（1993年11月27日）收到信，我還跟個撒嬌耍賴的小孩似的，不依不饒。林先生又特意寫信來給我消氣。她說：“還在生沒跟林奶奶單獨談話的氣哪！你第一次信來，說什麼被一個人包辦了，真難聽。第二次來信，索性說我是傀儡，更難聽。怎麼這麼大氣數哪！奶奶像蘇東坡一樣，肚子裡好撐船，氣量大。不理這套，該做什麼做什麼。現在寄你無皺紋照片兩張，是一九九三年最後的照片，再照就長了一歲到九四年了。”她最後沒忘敲打我一句：“祝長一歲更懂事。”（1993年12月29日）

除了寫信，林先生還常常打電話給

1993年11月14日蕭乾先生家。“小字輩”的我坐在長輩的中間，夠不懂事的。左起：舒乙、林海音、傅光明、蕭乾、文潔若。

女兒祖麗（左）受到父母的影響，也成為寫作人。

我，每次我們都聊很長的時間，直聊到我母親擔心林先生會為總打國際長途而破產。但隔不多久，她就又會給我打電話，一段時間接不到她的電話，我就好像少了什麼。我總在心裡祈禱林奶奶健康、快樂。

林先生總是以她特別的祖母方式疼晚輩，她像對待自己的親孫輩一樣待我，我從她身上甚至體味到一種血緣的親情。在我三十歲生日時，她託朋友送給我一枚“國父紀念幣”做禮物。她知道我母親也是個愛美而且長得美的老太太，就送給她漂亮的花絲巾。這真讓我母親美上了天，還總愛跟院裡的鄰居顯擺説，

這是寫《城南舊事》的那個林海音送她的。在我結婚和有了孩子以後，林先生又堅持把我在大陸編她的書的稿費送我。她說："我都這把年紀了，用不着錢了。你留着安家，撫養女兒吧。"

1994年是我大難不死的一年。5月，我因溺水傷了腎住進醫院。出院後，我給林先生去了信，跟她說我生了病。林先生很快回信說："來信說你病了，而且是很討厭的腎臟方面的，心裡很惦記，不知檢查是急性的，慢性的？即使是急性的也得小心，這年頭病不得呀！何況腎臟，祝你平安度過，好好養病。……你病了，我想你蕭爺爺一定也很着急

與女兒祖麗（右）同赴台南參加蘇雪林女士（前坐者）壽誕。（1995年）

經由林海音建議，《駱駝祥子》由台灣中華漢聲劇團排成舞台劇在台北演出。左起為導演崔小萍、舒乙、李玉琥（漢聲團長）、李翔（北京人藝演員）及林海音。（1994年）

吧！”（1994年6月2日）之後，她還託朋友給我帶了錢來，讓我買補品，養好身體。她像親奶奶一樣關心疼愛晚輩，她是我多麼好的奶奶呀！

1994年，為能讓我有機會去趟台灣看望她這位奶奶，她讓太平洋基金會的朋友在邀請蕭先生訪台參加一個世界翻譯家大會時，再多加一個助手的名額，費用由她負擔。為此我填了許多表格。後來由於蕭先生擔心自己的身體吃不消而沒有成行。他跟我開玩笑說，一是擔心到不了台北就垮了，二是擔心即便到了又可能回不了北京。我滿心希望與蕭先生一起出訪台灣的念想，就這樣從日程中遺憾地畫掉了。

林先生為讓我在大陸方便編她的集子，早

1989年慶賀結婚五十年周年暨
何凡八十歲大壽。

就給我寫好了全權委託書，並說我是她合格的代理人。1995年，人民日報出版社約我給他們編一本林先生的散文集《英子的心》。我去信一說，她就忙乎開了。她寫信告訴我："找出一些尚未成書的刊稿，你看看如何？到日本關西之旅的很重要，還有敬老四題及林語堂，也都對我有意義，又《靜靜的聽》我很喜歡，只是它是散文詩，而非純散文。……又寄你三張我及夏爺爺之照，也不知寄你沒有？我很喜歡我自己單人那張半身的，如果書能出成，就用這張，你說好嗎？(可是我的朋友說，那麼胖的臉！)……我覺得二十萬字的散文集，之間竟沒有照片插圖，很是可惜，像我寫四老，

如今枝葉繁茂，兒孫滿堂。圖為金婚慶全家福。

林海音與文友羅蘭（前排左）、潘人木（前排右）、小民（後排中）、董陽孜（後排右）在餐廳聚會。

日本之旅，都可以有照片，怎麼這本書是密密麻麻的文字而已呢？現在的書差不多都有照片插圖啊！”（1995年9月29日）她讓我向編輯反映，爭取多放一些她無皺紋漂亮照片。可大概是編輯總覺得文字更漂亮，只肯在內扉用一張照片。

1997年的11月，五卷本《林海音文集》由浙江文藝出版社出版了，出版社要在文學館搞一個座談會。在此之前，林先生還信誓旦旦地要再來一次北京。而且還和我相約，讓我陪她一道去曲阜和泰山拜孔子。我打心裡期盼着這一天的到來。但終因她那時的身體狀況

1994年“母親節”與兒子夏烈（祖焯）合影。

採訪的工作，以及做一個採訪記者應有的採訪態度，使我對社會上的許多現象，許多人物，有了更多的認識。我覺得把自己的主觀看法置身於外的客觀寫作，已經不能滿足我的寫作慾望。這慾望，便是我要發揮我自己的看法、感受，因此才使我由新聞寫作走入了文藝寫作之路吧！

林海音

已不允許她出行了，她拗不過醫生和家人的勸阻，只好忍痛割捨了這次大陸之行。後來，林先生的長子夏祖焯先生代母出席了座談會和在北京西四新華書店舉辦的《林海音文集》簽章本的首發式。之後，我又陪着祖焯先生去了曲阜，並上了泰山，替林先生還了拜孔的心願。

這麼多年以來，我們這一老一小常常隔着海峽寫信、打電話，繼續着“心懸兩地的苦惱”。我們在信裡和電話裡，什麼都聊，祖孫倆開心極了。1993 年夏天，林先生患病。她寫信告訴我：“這一夏天

拜訪美國女作家賽珍珠。

林海音（右一）在海峽兩岸童話研討會擔任主講，研討會由當時台灣《民生報》主編桂文亞（中）及北京和平出版社社長馬聯玉（左）共同主持。（1991年・北京）

因為起怪異的‘間擦疹’（新醫名詞沒聽過），奇癢之下，夜不成眠，三個月瘦了三公斤，這張瘦照送你留念（至於送舒乙先生的，是因為穿旗袍有高領，就好看些）。”（1993年9月23日）

林先生是公認的美人，她當然覺得自己美，就特別愛照相，且照了決不“顧影自憐”，而是分批分撥地寄送給朋友們，讓大家一起分享她的美麗。蕭先生、舒乙先生和我手裡都有她差不多上百張的照片。她還經常在給我們的照片背面題上落款，我常驕傲地拿給好友看說，這是我台灣奶奶的“美人照”。1994年1月18日，她寫信來說：“你和蕭老都直誇照片上老太太美，我正好有一張‘美人照’，是和夏

雖然大家稱她“先生”，林海音樸素的言談、舉止仍是很“女性”的，她愛穿漂亮衣服，喜歡打扮，更把家庭料理得十分温暖、周到。

如今大家稱呼她一聲“林先生”，不外在於她的性情與作為，堪稱文壇上的女中豪傑，而從內心油然生敬。

周曉春（台）

林海音的八十年生涯極其豐富，她不僅是一位作家、編輯、出版者，更深深介入文藝界各階層，她所認識、喜愛、關懷的人太多。好比一幅畫像，有些人的肖像可以深淺色彩為背景，或者以山水林木襯托，但畫林海音的肖像，身邊必須要有許多人物圍繞着。……她這一生始終生活在眾人之中，而眾人也都愛戴她。

林文月（台）

先生的，他也很喜歡，我就又加洗了一批送人。”然後還在信裡得意地誇起自己各有出息的滿堂兒孫。最後一句特讓我得意，她說：“我從來沒有給人寫過這麼長的信，你真福氣！（一笑！）”

1998年春節前，我接到林先生的電話，她在電話中祝我們全家新春快樂。這是我接的她最後一個電話。在此之後，我就再也聽不到她親切的聲音了。

林先生生前，一心繫掛着祖國統一，多次表示希望將來有一天，北京和台北“兩個地方接起來，像台北到台中那樣，可以常來常往”。這個夢，只好以後由我們替她圓了。

林海音八十大壽之日，文友們都來祝壽。左起為應平書、田新彬、桂文亞、林海音、席慕蓉、齊邦媛、劉靜娟、鄭清文、何凡、瘂弦。

2000年11月12日，台北舉行《林海音傳》首發式。書作者是林先生的二女兒夏祖麗。

林先生走後，我們去送她最後一程。車行途中，天空出現一彎美麗的彩虹，我心中默念：

"我展開我的翅膀

像一隻大鳥，飛向天空。

天空有足夠的地方，讓我飛翔。"

這是林先生在國小二年級課本中的一段：《我要飛向天空》。

大鳥振翅而飛，那兒有更廣闊的天空。

林先生定不願我們傷悲。我們只有不捨。

桂文亞（台）

"英子"遠去了。她曾那麼地愛我，愛她周圍的人，愛她日思夜想的北京。我也會在心底深深地呼喚她：林先生，您是我永遠的奶奶，我永遠愛您！

2002年7月2日於中國現代文學館

感謝蕭遠立女士提供照片；感謝所有補白的原作者。